LIKA ZEIDLER

ENTDECKUNG DER AUGENHÖHE

ILLUSTRIERT VON SARAH MAGDALENA ZAUNER

Bibliografische Information
der Deutschen Nationalbibliothek:

Die Deutsche Nationalbibliothek
verzeichnet diese Publikation in
der Deutschen Nationalbibliografie.
Detaillierte bibliografische Daten
sind im Internet über
http://www.d-nb.de abrufbar.

Alle Rechte der Verbreitung,
auch durch Film, Funk und Fernsehen,
fotomechanische Wiedergabe,
Tonträger, elektronische Datenträger und
auszugsweisen Nachdruck,
sind vorbehalten.

www.vindobonaverlag.com

© 2025 Vindobona Verlag
in der novum publishing gmbh
Rathausgasse 73, A-7311 Neckenmarkt
office@vindobonaverlag.com

ISBN 978-3-903574-66-3
Lektorat: Luisa Bott
Umschlag- und Innenabbildungen:
Sarah Magdalena Zauner
Umschlaggestaltung, Layout & Satz:
Vindobona Verlag
Foto der Autorin: Lika Zeidler
Foto der Illustratorin:
Sarah Magdalena Zauner

Gedruckt in der Europäischen Union
auf umweltfreundlichem, chlor- und
säurefrei gebleichtem Papier.

Für meinen Mann,
unsere Kinder,
unsere Enkel- und Schwiegerkinder.

Inhaltsverzeichnis

Augenhöhe 9

FUGE
Geborgenheit 12
Eine Wahl haben 16

F**U**GE
Interesse 19
Loslassen 22

FU**G**E
Offenheit 26
Weite 29

FUG**E**
Miteinander 33
Klarheit 36

FUGE 38

Nachwort 42

Dank 43

Augenhöhe

Ha-ha-ha-tschi! Tschi! Hach, ganz schön kitzelig, so eine Reise auf einem Sonnenstrahl. Tschi! Und so schnell. Zum Glück bin ich gut auf der Erde gelandet. Ob mein Notizblock noch da ist? Ich hatte ihn extra tief in meine Hemdtasche gesteckt. Oh, oh – mein Engelshemd ist ganz verknittert. Ich streiche es wohl erstmal wieder glatt.

Ach, was ist denn da in der linken Engelshemdtasche? Da ist der Himmelskronenstoff! Den sollte ich ja mitnehmen, aber ich weiß noch überhaupt nicht warum. Mal sehen. Oje! Er ist komplett verknittert! Den muss ich wohl nochmal neu falten. Erstmal vorsichtig komplett ausbreiten … aber überall laufen Menschen – so schaffe ich es gar nicht. Vielleicht hilft mir ja jemand. „Entschuldigen Sie, können …" – der läuft einfach weiter. Vielleicht die? „Hallo, können Sie mir vielleicht – hallo?" – jetzt nochmal lauter: „Hallo, Sie da. Können Sie mir …" – das ist doch unglaublich! Als ob ich gar nicht da bin. Ich stelle mich direkt vor den Nächsten, dann muss er schon gegen mich laufen. „Halt, Halt!! HALT! H A L T!!!" Das gibt es doch nicht! „Sie können doch nicht – der Himmelskronenstoff!" Uff! Glück gehabt! Das ist gerade nochmal gut gegangen. Wie gut, dass ich so schnell den Himmelskronenstoff gerafft habe. Der Mensch wäre glatt noch gestürzt. Und – äääh? Er hat auch gar nicht gestoppt. Der Mensch hat mich überhaupt nicht gesehen. Weder gesehen noch gehört. Und ich habe auch nichts gespürt. Seltsam! Und den Himmelskronenstoff scheint er auch nicht gesehen zu haben. So was!

Hmm. Das war mit den Menschen vorher wohl auch so.

Dann rolle ich den Himmelskronenstoff halt auf, so gut es eben geht, und stecke ihn in meine Engelshemdtasche. Ah – da ist ja auch mein Block. Dann schau ich gleich mal nach, was darin notiert ist. Doch erst noch den Himmelskronenstoff in die andere Tasche stecken.

So. *VeMas Notizen zur Augenhöhe*. Stimmt ja, Augenhöhe – ich will herausfinden, was es bei den Menschen mit der Augenhöhe so auf sich hat. Hmm, wie fange ich am besten an? Ich glaube, ich sehe mich erst einmal um.

Ach, eine Frau mit einem Kind an der Hand, gleich vor mir. Sie bleiben stehen. Die Ampel ist rot. Die Frau geht in die Hocke, redet mit dem Kind und zeigt auf die Ampel. Die Augen der Frau sind fast auf einer Höhe mit den Augen des Kindes. Doch nun hockt sich auch das Kind hin. Ich gehe mal näher ran. Jetzt sehe ich es ganz genau: Die Herzen sind auf einer Höhe! Es sieht so aus, als hätten sie Augen! Sie fangen an zu leuchten: glücklich, hell und warm. Wie schön! Mir wird auch ganz

warm ums Herz. Frau und Kind stehen auf und gehen über die Straße. Ach, die Ampel ist ja grün. Also, dieses Strahlen der Herzen, der Herzensaugen – ich folge den beiden mal. Wohin sie wohl gehen? Die sind ganz schön zügig unterwegs und biegen auch noch ab, da muss ich mich beeilen.

Was ist denn da los? So viele Kinder! Alle reden fröhlich durcheinander. Oho, das Kind geht jetzt immer langsamer und stolpert vor sich hin. Was ist denn nur los mit ihm? Es schaut gar nicht mehr fröhlich aus.

Die Herzensaugen sind ganz betrübt. Die Frau zerrt an dem Kind, damit es sich weiter vorwärtsbewegt.

Sie zieht das Kind ins Haus. Ich gehe einfach hinterher. Das Kind soll sich auf eine Bank setzen – dann setze ich mich daneben. Da kullern auch schon die Tränen. „Mama, Mama, geh nicht weg", schluchzt das Kind nun schon zum dritten Mal. Die Angst des Kindes ist ja riesig! Es hat solche Angst, keine Liebe mehr zu haben, wenn seine Mutter weg ist. Ich sehe, wie das Herz des Kindes zittert.

„Du weißt: Ich komme immer wieder. Auch heute Mittag hole ich dich wieder ab", höre ich die Mutter in beruhigendem Tonfall sagen. Sie streicht dem Kind jetzt über den Kopf. Das Kind schluchzt weiter: „Mama." Das Kind braucht wohl eine Fülle von Liebe und Geborgenheit! Was kann ich bloß tun?

Eben, an der Ampel, als die Herzen und die Herzensaugen von den beiden auf einer Höhe waren, da haben sie so gestrahlt.

Vielleicht hilft ja der Himmelskronenstoff? Dann hole ich ihn mal aus der Tasche.

Ich halte ihn vor mich und wünsche mir seine Hilfe. Mal sehen, was passiert:

Himmelskronenstoff so fein,
binde diese Herzen ein.
Lass sie auf eine Höhe geh'n,
dass sie sich sehen und versteh'n.
Öffne sie und mach' sie frei,
bringe Fülle nun herbei.

Der Himmelskronenstoff fängt an, sich zu bewegen! Jetzt erreicht er das Herz des Kindes. Und auch das Herz der Mutter. Die beiden sind verbunden. Nanu, die Herzen bewegen sich ja mit. Sie gehen auf eine Höhe. Fantastisch!

Da – die Gesichtszüge der Mutter werden weicher. Die Mutter hockt sich vor uns, und sie fängt an, das Kind zu küssen. „Auf Vorrat", sagt sie. Sie küsst das Kind auf die Wangen, links, rechts, auf die Stirn, auf die Händchen, und wieder

und wieder. Dabei zieht sie dem Kind vorsichtig die Jacke, das Halstuch und die Schuhe aus. Dann hält die Mutter die Hosentaschen auf und küsst in alle vier Hosentaschen hinein. „Auf Vorrat, für all die Stunden, bis ich wieder bei dir bin", sagt sie. „Immer wenn du traurig bist, dann nimm dir die Küsse aus deiner Tasche. Es sind genügend drin. Sie reichen aus, egal wie viele du dir rausholst."

Das sind ja Küsse in Fülle! Die Mutter küsst und küsst. Ich spüre, wie das Kind ruhiger wird. Puh. Das Kind schluchzt noch hier und da, aber es kommt immer mehr zur Ruhe. Das Herz hat auch aufgehört zu zittern. Das Kind schaut in die rechte vordere Hosentasche und beginnt zu lächeln. Die Herzen fangen auch an zu leuchten. Fein, dann kann ich den Himmelskronenstoff wohl wieder einpacken.

Oh, wie schön, was glitzert denn da beim Kind im Herzen? Ich schau mal. Das ist ja Sternenstaub!

Diese Fülle lebe weiter
dank Sternenstaub als Wegbegleiter.

Die Mutter geht nun Richtung Tür. Sie schickt die Küsse jetzt durch die Luft. Wow, die Herzen und mit ihnen die Herzensaugen sind immer noch auf einer Höhe! Das Kind hatte Angst, zu wenig Geborgenheit und Liebe zu haben. Die Küsse erinnern es an Liebe und Geborgenheit und haben es froh gemacht. Es reicht also wohl, sich das, was einem fehlt, in Fülle zu denken. Der Sternenstaub ist ja in Form eines **F** – für Fülle.

Ui, das Kind springt jetzt auf und läuft hinter einem anderen Kind her. Da bin ich aber neugierig. Schnell hinterher, aber halt – noch rasch eine Notiz machen: Ich schreibe mal – hmm – **Fülle denken** in meinen Notizblock, und dann los.

15

Eine Wahl haben

Ein Raum voller Kinder und Spielsachen. Das Kind sitzt mit einem anderen Kind an einem Tisch, und ich setze mich dazu. Sie puzzeln.

Derweil schaue ich mich um. Überall spielen Kinder ganz vergnügt. Doch da – da sitzt ein Kind allein in der Ecke und sieht recht traurig aus. Für mich sieht es so aus, als ob das Kind zu den anderen Kindern dazugehören möchte. Sein Herz ist zusammengezogen und ganz klein. Die Herzensaugen schauen nach unten und sehen so betrübt, so niedergeschlagen aus. Vielleicht kann das Kind mit den Hosentaschen voller Küsse helfen? Aber wie? Ob der Himmelskronenstoff nochmal wirkt? Ich hole ihn raus, halte ihn wieder vor mich und sage ihm, dass er Fülle bereiten möge:

Himmelskronenstoff so fein,
binde diese Herzen ein.
Lass sie auf eine Höhe geh'n,
dass sie sich sehen und versteh'n.
Öffne sie und mach' sie frei,
bringe Fülle nun herbei.

Der Himmelskronenstoff bewegt sich wieder und verbindet tatsächlich das Herz des traurigen Kindes mit dem des Kindes mit den kussgefüllten Taschen. Auch die Herzen fangen an, sich zu bewegen. Das Kind sieht das traurige Kind an und fragt: „Willst du mit uns puzzeln?" Das Herz des traurigen Kindes bewegt sich höher und höher, bis es mit den Herzen der puzzelnden Kinder auf gleicher Höhe ist. Zugleich wird das Kind fröhlicher, steht auf und setzt sich mit an unseren Tisch. Die Herzensaugen der Kinder strahlen nun um die Wette, während sie zu dritt puzzeln.

Danke, Himmelskronenstoff! Dich stecke ich wieder ein. Und:

*Diese Fülle lebe weiter
dank Sternenstaub als Wegbegleiter.*

Die Herzen fangen jetzt an zu leuchten, wie wunderbar!! Und ich sehe wieder ein Sternenstaub-**F** im Herzen glitzern – Fülle. Das traurige Kind hat durch die Frage des puzzelnden Kinds die Wahl gehabt, entweder für sich zu bleiben, sich zu den beiden puzzelnden Kindern zu setzen oder etwas anderes zu tun, was immer ihm einfällt – das Kind hat viele Möglichkeiten zu wählen, Möglichkeiten in Fülle. Es scheint sehr wichtig zu sein, dass man denkt, dass immer Möglichkeiten da sind – Fülle.

FUGE

Interesse

Hoppala, was ist denn nun los? Ich bin wohl eingenickt. Das Puzzle ist schon fertig. Die Kinder springen herum und laufen aus dem Raum. Nochmal Augen reiben und schnell hinterher. Ach, sie ziehen sich ihre Schuhe, Halstücher und Jacken an und rennen raus. Was für ein lautes Durcheinander! Wo ist denn das Kind mit den Hosentaschen voller Küsse?

Da hinten sitzt es mit noch anderen Kindern im Sandkasten. Ich setze mich da drüben hin. Von da aus sehe ich die Kinder im Sand bauen und die anderen Kinder toben.

Den vergnügten Kindern zuzuschauen, gefällt mir so gut. Ich merke gar nicht, wie die Zeit vergeht. Dabei ist die Sonne schon über den Sandkasten gewandert.

Da kommen ein paar Eltern ihre Kinder abholen, auch die Mutter, die ihrem Kind so viele Küsse geschenkt hat. Schon gehen sie wieder weg. Hmm ... ich gehe mit!

Ich bin gespannt, wo es hingeht.

Huch, das Kind bleibt abrupt stehen und schaut nach unten. „Trödel nicht so", sagt die Mutter und zieht das Kind an der Hand. Mit der anderen Hand zeigt das Kind auf den Boden.

Oh, jetzt sehe ich es auch: Da liegt ein kleiner Käfer auf dem Rücken und strampelt mit den Beinchen in der Luft. „Jetzt komm schon!", höre ich die Mutter sagen. Sie scheint ungehalten.

Ich sehe das Herz der Mutter stark pochen. Sie scheint unter Druck. Das Kind möchte so gerne dem Käfer helfen, und sein Herz ist hilflos, und die Herzensaugen schauen traurig seit dem Moment, als die Mutter das Stehenbleiben als „Trödeln" bezeichnet hat. Die Mutter hat wohl das Anliegen des Kindes noch nicht gesehen. Ob der Himmelskronenstoff Hilfe weiß? Schnell auspacken und los geht's:

Himmelskronenstoff so fein,
binde diese Herzen ein.
Lass sie auf eine Höhe geh'n,
dass sie sich sehen und versteh'n.
Öffne sie und mach' sie groß,
lasse jedes Urteil los.

Tatsächlich, der Himmelskronenstoff setzt sich in Bewegung und verbindet die Herzen. Jetzt bewegen sie sich auch. Die Mutter bleibt nun stehen. Ihr Herzschlag beruhigt sich etwas. Jetzt höre ich, wie sie das Kind fragt: „Was ist denn los?" Das Kind zeigt weiter auf den Käfer. Endlich schaut die Mutter auch auf den Boden. Ich denke, sie hat den armen Käfer nun auch gesehen. „Sollen wir zusammen dem Käfer helfen?", wendet sie sich an das Kind, das heftig nickt. Ich sehe, wie sein Herz sich entspannt, seine Herzensaugen sehen nicht mehr so traurig aus, und beide helfen dem Käfer wieder auf die Beine.

Also, wenn jemand urteilt, rutscht sein Herz auf eine andere Höhe. Das Herz der Mutter war etwas höher als das Herz des Kindes, als sie dachte, dass das Kind trödele. Geholfen hat, dass die Mutter sich für das Kind interessiert hat und dann ihr Urteil über das Kind aufgeben konnte. Ihr Ungehaltensein war weg, und ihr Herz ging auf die Höhe des Herzens des Kindes. Das notiere ich mir aber direkt. Doch erstmal den Himmelskronenstoff einrollen:

Ohne Urteil lebe weiter
dank Sternenstaub als Wegbegleiter.

Ich schreibe mal **Urteile loslassen** in meinen Notizblock. Wir gehen weiter. Im Herzen der Mutter funkelt Sternenstaub als **U**.

Loslassen

Hüpf, hüpf, das Kind hüpft abwechselnd von einem Bein aufs andere und singt dazu: „Honigjoghurt, Honigjoghurt." Und da sind wir schon: Die Mutter steht vor einem kleinen Haus und schließt die Türe auf. Mmh, wie die ersten Blüten des Blauregens duften! Prächtig! Hier sind die beiden also daheim.
    Erst ausziehen, dann Hände waschen. „Honigjoghurt für dich", ruft die Mutter. Ich gehe mit dem Kind in die Küche. Es hat einen Stein in der Hand. „Mama, schau mal!" Was macht die Mutter denn da? In ihrer Hand hält sie ein Handy. Das Kind lässt seinen Stein los – er fällt auf den Boden – und läuft aus der Küche, wobei seine Schritte ganz schön laut sind. Der Joghurt steht noch da. Im Flur setzt sich das Kind auf den Boden und grummelt vor sich hin. Das Herz sieht aus, als wäre es sauer. Die Herzensaugen schauen traurig und allein aus. „Blödes Handy!", stößt das Kind aus. „Blödes Handy!" Das Herz wird härter und verschlossener, wie versteinert. Die Herzensaugen wirken starr.

Was macht denn die Mutter? Ich schaue mal um die Ecke: Sie seufzt, und ihr Herz ist ganz traurig, hilflos, wie in sich zusammengefallen.
    Ich glaube, es ist wieder Zeit für den Himmelskronenstoff.

Himmelskronenstoff so fein,
binde diese Herzen ein.
Lass sie auf eine Höhe geh'n,
dass sie sich sehen und versteh'n.
Öffne sie und mach' sie groß,
lasse jedes Urteil los.

Schon verbindet er die beiden Herzen, die sich jetzt auch bewegen. Gleich werden sie wieder auf einer Höhe sein.

Der Stein. Die Mutter hebt ihn auf. „Komm doch wieder rein", sagt sie langsam und leise. „Das ist aber ein schöner Stein. Wo hast du ihn her?" Das Kind wird still, und ich sehe sein Herz etwas weicher und weiter werden. Die Mutter schaut um die Ecke in den Flur und das Kind an. „Dein Honigjoghurt wartet auf dich – und ich auch. Ich habe mich so auf dich gefreut", sagt sie, mutiger, mit etwas festerer Stimme. Ihr Herz entfaltet sich wieder. Das Kind schaut langsam auf zur Mutter. Seine Herzensaugen lösen sich aus der Starre. Es schluckt. „Sandkasten ... im Sandkasten habe ich den Stein gefunden." Die Mutter reicht dem Kind die Hand. „Komm und iss den Joghurt. Es ist der letzte. Ich war am Handy, um deinen Lieblingsjoghurt auf die

Einkaufsliste zu setzen, damit du morgen auch deinen Honigjoghurt haben kannst." Das Kind ergreift die Hand der Mutter und steht mit ihrer Hilfe auf. „Ich dachte, du bist am Handy und willst meinen Stein nicht sehen. Da bin ich wütend geworden", sagt nun das Kind zur Mutter und umarmt sie. Sie drückt das Kind auch. Jetzt sind die Herzen wieder ganz auf einer Höhe und ganz warm. „Isst du auch was vom Honigjoghurt?", fragt das Kind und setzt sich an den Tisch. „Ja", lächelt die Mutter das Kind an.

Wenn jemand ein Urteil trifft, zum Beispiel etwas über einen anderen denkt – wobei man gar nicht weiß, ob die eigene Annahme überhaupt zutrifft – dann sind die Herzen nicht auf einer Höhe. Durch den Gedanken, die Mutter interessiere sich nicht für das Kind, war das Herz des Kindes tiefer als das der Mutter. Dann verschloss es sein Herz, und die Mutter wurde so hilflos, dass ihr Herz tiefer ging als das des Kindes. Es kann sein, dass das Herz beim Urteilen hoch geht oder runter geht, das ist unwichtig. In jedem Fall sind sie nicht auf einer Höhe, und daher sind die Menschen unglücklich.

Der Himmelskronenstoff ist wunderbar. Wer weiß, wann er wieder gebraucht wird. Ich rolle ihn vorsichtig ein:

Ohne Urteil lebe weiter
dank Sternenstaub als Wegbegleiter.

Die beiden Herzen leuchten wieder, und das Sternenstaub-***U*** glitzert. Die Mutter steht auf und geht zum Herd.

Uah, was ein Lärm! Es klappert bei der Mutter, und das Kind singt laut.

FUGE

Offenheit

Wie fein das duftet! Die Mutter setzt sich zum Kind. Mittagessen. Ich setze mich dazu. Wie munter die beiden plaudern. Das Kind isst langsamer als die Mutter. „Du musst auch immer so langsam essen!", stöhnt die Mutter. Huch, was ist denn bei der Mutter plötzlich los? Sie wirkt gereizt und ungeduldig. Ihr Herz ist unruhig, und ihre Herzensaugen schauen nach unten und irren hin und her. Das Kind ist still und isst kaum noch. Sein Herz ist traurig, seine Herzensaugen sehen ruhig geradeaus nach unten und bewegen sich kaum. Wie schade!

Gerne wüsste ich, was die beiden jetzt brauchen ... ob der Himmelskronenstoff da helfen kann?

Himmelskronenstoff so fein,
binde diese Herzen ein.
Lass sie auf eine Höhe geh'n,
dass sie sich sehen und versteh'n.
Öffne sie, schick' Liebe aus,
setze Gründe nun voraus.

Und tatsächlich verbindet der Himmelskronenstoff wieder beide Herzen. Er bringt sie sicher wieder auf eine Höhe.
   Ich sehe, wie das Herz des Kindes sich öffnet. Seine Herzensaugen schauen mehr nach vorne. Jetzt schaut das Kind die Mutter an. „Bist du müde, Mama?" Die Mutter runzelt die Stirn. „Oh, ja! Und wie!", seufzt sie jetzt. Aha! Jetzt sind beide Herzen auf einer Höhe, sie sehen erleichtert aus.

Toll, dieser Himmelskronenstoff. Es ist wohl lohnenswert, sich zu öffnen und nachzufragen, was bei jemandem los ist, der gereizt ist, gerade auch dann, wenn die Worte nichts verraten. So findet man Gründe für ein Verhalten heraus. Das merke ich mir. Danke, Himmelskronenstoff.

Mit Blick auf Gründe lebe weiter
dank Sternenstaub als Wegbegleiter.

Der Himmelskronenstoff kann wieder in meine Tasche. Im Herzen des Kindes glitzert nun ein Sternenstaub-**G**.

Weite

„Ich glaube, ich lege mich etwas hin", sagt die Mutter. Sie stellt einen Wecker. Jetzt geht sie zum Sofa und legt sich hin.

„Ja", sagt das Kind und geht. Was es wohl machen wird? Ich gehe mal mit ihm. Wow, so viele Spielsachen! Wie soll man sich denn da entscheiden? Ah, der Kasten mit Bausteinen! Was es damit wohl vorhat? Ich setze mich daneben und schaue zu. Jetzt kommen noch Stofftierchen dazu. Und die Holzeisenbahn – jetzt verstehe ich, es wird ein Zoo. Wie schön!

„Rrrrinnngggg" – der Wecker! „Alle Vögel sind schon da, alle Vögel, alle ..." – das Kind singt aber laut! Was macht bloß die Mutter? Schnell mal nachsehen.

Ah, die Mutter wälzt sich hin und her und stöhnt. Auch hier ist das Kind ganz schön laut zu hören. „Muss das denn sein? Ich habe doch gesagt, dass ich mich hinlege. Hach!", jammert die Mutter vor sich hin. Sie sieht irgendwie etwas zerknittert aus. Ihr Herz ist aufgewühlt, ihre Herzensaugen sehen müde aus, und zugleich sind sie unruhig. Ich spüre eine Spannung.

Ob das wohl ein Fall für den Himmelskronenstoff ist? Mal sehen. Ich halte ihn wieder vor mich:

Himmelskronenstoff so fein,
binde diese Herzen ein.
Lass sie auf eine Höhe geh'n,
dass sie sich sehen und versteh'n.
Öffne sie, schick' Liebe aus,
setze Gründe nun voraus.

Die Mutter reckt sich nochmal, reibt sich die Augen und steht auf. „Eben hieß es doch noch: ‚Bist du müde, Mama?' Das ist doch sicher noch nicht vergessen. Ich will mal nachhören", murmelt sie. Die Spannung wird weniger. Schlaftrunken taumelt sie Richtung Kinderzimmer. Ich hinterher. Das Mutterherz ist jetzt weit und offen. „Du wusstest doch, dass ich sehr müde bin und schlafe. Willst du mir sagen, warum du so laut gesungen hast?"

Das Kind strahlt jetzt die Mutter an. „Ich habe deinen Wecker gehört. Ich dachte, du freust dich, mit einem schönen Lied wach zu werden!" Auf dem Gesicht der Mutter breitet sich langsam ein Lächeln aus.

Die Herzen der beiden hüpfen vor Freude. Glanz erfüllt die Herzensaugen der Mutter. Da kann ich doch gleich mal den Himmelskronenstoff wieder einholen.

Mit Blick auf Gründe lebe weiter
dank Sternenstaub als Wegbegleiter.

Na, jetzt singen die beiden zusammen das Vogellied, und das Sternenstaub-**G** glitzert.

Es ist wohl gut, sein Herz weit zu öffnen und Gründe vorauszusetzen, um offen zu sein für den anderen. Dann schreibe ich in den Notizblock **_Gründe voraussetzen_**.

FUGE

Miteinander

„Ich mache noch etwas Haushalt. Wollen wir danach auf den Spielplatz gehen?", fragt die Mutter. „Ja", sagt das Kind und spielt weiter mit dem Zoo. Es baut weitere Gehege. Die Holzeisenbahn fährt immer wieder durch den Zoo.

Die Mutter schaut um die Ecke und guckt dem Kind ein wenig zu. „Wollen wir los?"

Schon ist der Spielplatz zu sehen. Das Kind rennt plötzlich los, zum Sandkasten. Die Mutter kommt langsam mit dem Sandeimer hinterher. Das Kind nimmt ihn freudig entgegen. Oh, darin sind Förmchen. Damit baut das Kind nun. Wie gut, dass der Sand noch feucht ist vom Regen gestern. Er hat wohl genau die richtige Konsistenz zum Bauen.

Jetzt fängt das Kind an, wie ein Kaninchen zu graben. Was das wohl wird? Jetzt gräbt es auch noch von einer anderen Stelle. Ach, das wird ein Tunnel! Da kommt ein anderes Kind. „Kann ich das Burg-Förmchen haben?"

Das Kind hat jetzt aufgehört zu graben, schnappt sich das Burg-Förmchen und drückt es fest an sich. Seine Stirn hat nun Runzeln. „Mein schönstes, schönstes Förmchen", murmelt das Kind. Es ist hin- und hergerissen, ob es sein Burg-Förmchen ausleihen soll oder nicht.

Einerseits: Warum nicht? Das andere Kind möchte ein Miteinander, bei dem jeder die Förmchen mal nutzen kann. Es findet das Burg-Förmchen genauso schön. Und andererseits darf genau deshalb das schöne Förmchen nicht wegkommen. Das Herz des Kindes pocht kräftig. Es scheint beunruhigt und besorgt, das sehe ich ihm und seinen Herzensaugen an.

Eigentlich braucht es das Förmchen gerade nicht, es gräbt doch den Tunnel. Der ist doch noch gar nicht fertig. „Kann ich das Burg-Förmchen haben? Das wäre so schön!", fragt das andere Kind noch einmal. Wenn jetzt die Herzen auf einer Höhe wären …

Himmelskronenstoff so fein,
binde diese Herzen ein.
Lass sie auf eine Höhe geh'n,
dass sie sich sehen und versteh'n.
Öffne sie und mach' sie frei,
bring' Entschiedenheit herbei.

Ha, der Himmelskronenstoff reagiert. Ich bin so gespannt.

Jetzt sehen sich die beiden in die Augen. „Gibst du mir das gleich wieder?", fragt das Kind. „Na klar!", sagt das andere und nickt. Es grinst dabei. Die Herzensaugen sind jetzt auf einer Höhe. Das Kind zieht seine Mundwinkel nach oben.

„Hier!" Entschlossen gibt es jetzt das Förmchen her. Beide Herzen strahlen. Lächelnd gräbt das Kind weiter an seinem Tunnel. Da kann ich den Himmelskronenstoff wieder einrollen.

*Fest entschlossen lebe weiter
dank Sternenstaub als Wegbegleiter.*

Das Kind hat mit seiner Klarheit durch die Frage und seiner Entschlossenheit für das Miteinander eine passende Wahl getroffen: Es ist glücklich.

Was schreibe ich in meinen Notizblock? Ich glaube, es kommt darauf an, entschlossen zu sein, das heißt, am besten ist man klar und steht mutig und vertrauensvoll zu seiner Entscheidung. Als nächsten wichtigen Punkt schreibe ich also **Entschluss fassen** auf.

Ach, da bringt das andere Kind schon das Burg-Förmchen wieder.

Nochmal treffen sich die Blicke der beiden Kinder. Sie lächeln. Ein Sternenstaub-**E** funkelt.

Der Tunnel ist fertig. Die Schaukel scheint das nächste Ziel. Sie ist sogar frei. Das Kind schaukelt eine ganze Weile gemütlich vor sich hin. Es schaut etwas müde drein. „Sollen wir heimgehen?", fragt die Mutter. Das Kind nickt. Es fängt an, die Förmchen einzupacken. Sein Blick fällt auf die Burg, die das andere Kind mit seinem Förmchen gebaut hat. Es lächelt. Wir machen uns auf den Heimweg.

Klarheit

Oh, der Vater ist daheim. Er sitzt im Sessel und liest in einer Zeitung. Es sieht aus, als hat er es gemütlich. Da rennt das Kind auf ihn zu und – schlingt die Arme um ihn. Der Vater schließt auch das Kind in die Arme. Was für eine Freude! Das Kind löst sich vom Vater und läuft weg. „Papa, Papa, such mich! Ich verstecke mich." Der Vater grinst. „Du bist bestimmt unterm Esstisch!" Er greift wieder zur Zeitung. „Such mich nochmal, Papa!" Jetzt schaut der Vater über die Zeitung ins Leere.

Er stöhnt leise vor sich hin. Ich glaube, der Vater weiß nicht, ob er Verstecken spielen soll oder weiter Zeitung lesen. Er scheint leicht unglücklich. Sein Herz zieht hin und her. Wofür sein Herz wohl schlägt? Der Himmelskronenstoff unterstützt ihn sicher dabei, sich zu entschließen.

*Himmelskronenstoff so fein,
binde diese Herzen ein.
Lass sie auf eine Höhe geh'n,
dass sie sich sehen
und versteh'n.
Öffne sie und mach'
sie frei,
bring' Entschiedenheit herbei.*

Der Himmelskronenstoff hat jetzt beide Herzen verbunden. Das Hin und Her im Herzen des Vaters lässt nach. Er schaut nicht mehr so unglücklich, er entspannt sich. „Okay", sagt der Vater und steht auf. Er legt die Zeitung zur Seite und geht suchend umher. „Wir können spielen, bis Mama zum Abendessen ruft. Danach decke ich den Tisch ab und dann lese ich die Zeitung." Er geht weiter herum und bleibt jetzt vor dem Kind stehen. „Wo bist du denn bloß? Piep einmal!" Hihi.

Der Himmelskronenstoff kann wohl wieder in meine Engelshemdtasche.

> *Fest entschlossen lebe weiter*
> *dank Sternenstaub als Wegbegleiter.*

Das Kind kichert, und der Vater kitzelt es. Es rennt zu einem neuen Versteck. Die beiden haben richtig Spaß miteinander. Dabei glitzert ein Sternenstaub-**E** im Herzen des Vaters. Sein Entschluss für Spiel und Spaß begeistert die beiden und mich auch.

FUGE

Wie schnell doch der Tag vergeht! Draußen wird es schon dunkler.

Nun zieht sich das Kind den Schlafanzug an. Es geht wohl ins Bett. Ah, erst noch ins Bad, Zähne putzen.

Jetzt krabbelt das Kind ins Bett. „Lass noch etwas Platz für deinen Schutzengel", sagt die Mutter. Und tatsächlich: Der Schutzengel legt sich daneben und winkt mir, dazuzukommen. Das mache ich doch glatt. Da, wie schön – die Mutter singt etwas:

„*Jede Nacht, jeder Tag, jeder Augenblick, jeder Strahl dieser Sonne erwartet dich.*
Und am Morgen, wenn du aufwachst, dann siehst du die Welt, in all ihren Farben, so wie's dir gefällt.
Die Blätter, sie tanzen im Rhythmus vom Wind, und die Sonne lacht, weil sie's sieht.
So schließ deine Augen und träume davon, wie sie lacht, wie sie tanzt, wie sie da liegt vor dir.
Die Nacht, sie beschützt dich mit all ihren Stern'n, sie umgibt dich ganz warm wie ein schützendes Haus.
Sie bleibt ganz gewiss, bis die Sonne sich zeigt, und bis dahin komm'n alle in ihr zur Ruh'.
So schließ deine Augen und träume davon, und gönne der Welt etwas Schlaf."

Es ist so still. Nun flüstert die Mutter: „Sei wohl behütet in dieser Nacht." Jetzt geht sie leise raus.

Wir sind jetzt alleine. Ich höre nur, wie das Kind ruhig atmet. Der Sternenstaub glitzert in seinem Herzen. Ich schaue hinter die Gardine. Draußen gehen die Sterne auf. Ein klarer

Sternenhimmel steht über uns wie ein schützendes Haus, so wie die Mutter schon gesungen hat.

Was war das nur für ein ereignisreicher Tag! Ich erinnere mich noch an den Anfang. Jetzt verstehe ich auch, was mich an dem Kind direkt so fasziniert hat. Als es sich neben der Mutter hingehockt hat, habe ich gesehen, wie beide Herzen zu leuchten begonnen haben. Stimmt ja: Als die Mutter sich zuerst hingehockt hat, waren die Augen auf einer Höhe, doch war ihr Herz höher als das des Kindes. In dem Moment, als das Kind sich auch hingehockt hat, ist sein Herz hochgegangen, auf die Höhe des Herzens der Mutter. Und daher habe ich die Herzensaugen der Mutter und des Kindes auf einer Höhe gesehen, wie sie strahlten.

Ich schaue mal, was ich mir so notiert habe: Am Anfang war das **F** für **Fülle denken**. Ach ja, im Kindergarten, als die Mutter dem Kind die Taschen voll geküsst hat – eine Fülle von Küssen, die es an die Liebe und Geborgenheit der Mutter erinnern ... und das traurige, einsame Kind, das die Wahl bekam, ob es mitspielen wollte. Fülle denken, Fülle leben, das bringt die Herzen auf eine Höhe. Und dann war da noch das mit dem Urteilen, als schließlich Mutter und Kind dem Käfer auf die Beine geholfen haben. Und ja, der Handy-Einkaufszettel. Urteile, dazu hatte ich auch etwas notiert: Ein **U** für **Urteile loslassen** – das hilft, damit Menschen sich füreinander interessieren und ihre Herzen auf eine Höhe kommen können. Und ich erinnere mich an den Moment, als das Kind sich für seine Mutter geöffnet hat und die ärgerlich klingende Mutter gesehen hat, wie müde sie war und gar nichts gegen das Kind hatte. **G – Gründe voraussetzen** steht dazu in meinem Notizblock. Das gelang auch der Mutter, als sie sich öffnete für das Kind, das sie wachgesungen hat. Später waren wir auf dem Spielplatz. Da war die Situation mit dem Förmchen, als das Kind sich von ganzem Herzen entschließen konnte, sein bestes Förmchen zu leihen. Genau wie der

Vater, als er den Entschluss gefasst hat, die Zeitung später zu lesen und erst mit dem Kind zu spielen. **E** für **Entschluss fassen** ist meine letzte Notiz.

Meine Notizen ergeben **FUGE** – der Himmelskronenstoff hat die Menschen miteinander verbunden. Durch die Verbindung veränderte sich etwas. Die Herzen gingen immer auf eine Höhe und die Menschen konnten Fülle denken, Urteile loslassen, Gründe voraussetzen und Entschlüsse fassen. Die Herzensaugen waren auf einer Höhe und fingen dann an zu glänzen und zu funkeln. Augenhöhe – es sind gar nicht die Augen im Gesicht, *es sind die Herzensaugen, also die Herzen, die auf einer Höhe sein müssen, um auf Augenhöhe zu sein!* Ja, wie schön strahlend sah es immer aus, wenn die Herzen auf einer Höhe waren. Ich glaube, die Menschen haben das nicht gesehen, aber bestimmt haben sie es gespürt, denn sie waren dann immer innerlich ruhig und zufrieden! Ich glaube, ich habe so einiges zur Augenhöhe herausgefunden. **FUGE** – das sind sicher Anhaltspunkte, die es möglich machen, wieder auf Augenhöhe zu kommen.

Und ich spüre, wie mich etwas kitzelt. Ah, da lugt ein silberner Mondstrahl unter der Gardine hervor. Das ist mein Ruf heim. Es ist Zeit, Abschied zu nehmen.

Ich küsse dein Herz, liebes kleines Kind. Unvergessen bleibst du für mich. Danke für den Tag mit dir und danke, lieber Schutzengel, für den Platz bei euch.

Durch den Sternenstaub könnt ihr euch immer wieder erinnern und auf Augenhöhe gehen.

Ich setze mich auf den Mondstrahl und winke, bis ich euch nicht mehr sehen kann ... lebt wohl!! Wer weiß, vielleicht sehen wir uns ja wieder ...

Nachwort

Augenhöhe wird unter anderem beschrieben als: gleichberechtigt, gleichbedeutend, gleich wertvoll sein, seinen Gesprächspartner so behandeln, wie man selbst behandelt werden möchte, einander mit Respekt und Würde begegnen. Auf Augenhöhe miteinander leben ist ein menschliches Urbedürfnis und Voraussetzung für Verbindung, Mitgefühl und bedingungsloses Lieben.

Das FUGE-Konzept hilft dabei, (wieder) auf Augenhöhe zu kommen, wenn es gewünscht wird. Im Bewusstsein, dass sich alle Menschen als Menschen mit gleicher Würde und gleichem Wert begegnen können, ist es egal, welche Rolle oder Funktion jemand hat. Es ist möglich, unterschiedlicher Ansichten zu sein und sich zugleich als Menschen zu begegnen. Es braucht Offenheit, Mut und Vertrauen, unter anderem darin, dass man selbst und alle Beteiligten durch ein Begegnen auf Augenhöhe profitieren.

Daneben gibt es auch Situationen, in denen man mit sich selbst (z. B. wenn man meint, Recht zu haben, oder sich selbst abwertet) oder mit Gegebenheiten (z. B. mit einer Einstellung wie ‚Einer muss es ja machen') auf Augenhöhe kommen möchte.

Mit dem FUGE-Konzept kann man aufspüren, welcher der vier Aspekte dieses Konzeptes (Fülle denken, Urteile loslassen, Gründe voraussetzen, Entschluss fassen) am meisten auf die eigene Situation zutrifft. Diese Erkenntnis schafft Distanz zu den Beteiligten und kann helfen, einen anderen Blick einzunehmen und wieder auf Augenhöhe zu kommen. Dabei ist man auf niemanden angewiesen, von niemandem abhängig, die Macht liegt in jedem selbst.

Alles in allem geht es um eine Geisteshaltung, in der sich Menschen im Alltag als gleich würdig und gleich wertvoll auf Augenhöhe begegnen wollen, und das FUGE-Konzept kann dabei unterstützen.

Wer Fragen hat oder den Wunsch, mehr zu erfahren, kann sich gerne an die Autorin wenden unter info@aachen-contact.de.

Dank

Ich danke meiner Familie und unseren Freunden, die mich für diese Geschichte inspiriert und beim Entstehungsprozess ermutigt, begleitet und unterstützt haben, insbesondere Jo, Betty und Sarah. Und ich danke Gott, der uns mit seiner bedingungslosen Liebe beschenkt und Himmel und Erde verbindet.

Die Illustratorin

Die 1995 in Oberösterreich geborene Künstlerin und Kunstpädagogin Sarah Zauner entdeckte bereits in ihrer Kindheit ihre Leidenschaft für das Malen. Nach dem Abschluss der HBLA für künstlerische Gestaltung studierte sie Bildnerische Erziehung und Textiles Gestalten an der Kunstuniversität Linz.

Heute arbeitet Sarah Zauner als Kunstlehrerin, ist nebenberuflich selbstständig und schließt gerade ihr Masterstudium in Kunsttherapie ab. 2022 veröffentlichte sie im Verlag am Rande ihr Bilderbuch Suda Sumpfkröte und der Glücksmaulwurf. Ihre Freizeit verbringt sie gerne in der Natur, mit dem Zeichnen von Postkarten während Reisen und dem Verwirklichen künstlerischer Ideen in ihrem selbst restaurierten Atelier.

Sarah Zauner ist verlobt und lebt mit ihren zwei Katzen Lui und Fini auf einem Hof im schönen Mühlviertel.

Die Autorin

Die 1965 in Köln geborene Informatikerin Lika Zeidler liebt und lebt die Themen Augenhöhe, Gewaltfreie Kommunikation und Lebensgestaltung. Sie bietet dazu Coaching, Kurse und Workshops an.

Aus ihrem Arbeitsprozess „Empathisches Zuhören – In-die-Tiefe-Gehen – Verstehen – Gestalten" entwickelte sie 2014 das FUGE-Konzept für Augenhöhe, das jedem Menschen Wege aufzeigt, in jeder Alltagssituation wieder auf Augenhöhe zu kommen.

Warmherzigkeit, Lebensfreude, Vertrauen, Verstehen und Sinnhaftigkeit beschreiben Konstanten in Lika Zeidlers Leben und Handeln. Die mehrfache Mutter und Großmutter liest, wandert und tanzt sehr gerne. Seit 1987 ist sie verheiratet und lebt mit ihrem Mann in Aachen. Ihr gemeinsamer Leitstern ist die Augenhöhe.

DER VERLAG

VINDOBONA
VERLAG SEIT 1946

ein Verlag mit Geschichte

Bereits seit 1946 steht der Vindobona Verlag im Dienst seiner Bücher und Autoren. Ursprünglich im Bereich periodisch erscheinender Journale tätig, präsentiert sich der Verlag heute als kompetenter Partner für Neuautoren am deutschen, österreichischen und schweizerischen Buchmarkt. Engagement, Verlässlichkeit und Sachverstand – das sind die Grundpfeiler, auf denen der Verlag seit jeher sicher steht.

Sie möchten mit Ihrem Werk das vielseitige Verlagsprogramm bereichern? Der Vindobona Verlag garantiert Ihnen eine professionelle Prüfung Ihres Manuskriptes durch das Lektorat sowie eine zeitnahe Rückmeldung.

Genauere Informationen zum Verlag
finden Sie im Internet unter:

www.vindobonaverlag.com